AF399372

WALTER
VANDEPERRE

Ik denk dat
ik zeker ben

novum pro

Dit boek is ook als
e-book
verkrijgbaar.
w w w . n o v u m p u b l i s h i n g . n l

Climate neutral
Print product
ClimatePartner.com/16547-2201-1002

INHOUD

Een oude munt
uit een legering van koper en zilver
is zwart geld

Hoofdstuk 1.

HOE HET BEGON

„Hippoliet De Stoute mag gaan ophouden," sprak Kim, die tegenover mij zat op de informatica-afdeling van de bank Spirea. Daarmee werd het voor mij duidelijk dat ik thuis werd afgeluisterd en dat hij mij hiermee uitdaagde. Ik besefte toen dat dit al vele maanden bezig was. Meteen was ook het verband gelegd met de firma Banditu.

Toen dacht ik eraan terug dat ik de dag voordien de telefoon van Christa had opgenomen die even een afgedrukte lijst was gaan halen. Aan de telefoon hoorde ik „Het is Mira, de zuster van Christa." Mira was één van mijn zes medewerkers op de kwaliteitsdienst van Banditu. Je ziet weer het verband met die firma. Het was dus geen toeval dat ik bij Spirea de taken kreeg van Christa. Zij pestte mij in opdracht. Zij verontschuldigde zich tegenover mij: „Sommige mensen doen alles voor geld."

Bij Banditu bestond de nieuwe directie uit drie Italiaanse Luikenaars, de P.G.D.D.: Pedro was technisch directeur, Gino commercieel directeur en Duo Dario algemeen directeur. Wordt er niet vaak lachend op gezinspeeld dat dergelijke personen verwijzen naar de georganiseerde misdaad? In dit geval was dit ook de waarheid. Daarom waren de brutale ontslagen bij hun intrede eigenlijk logisch. Toen was het voor mij nog niet duidelijk dat alles om koper en zilver draaide.

Later drong het tot mij door dat de P.G.D.D. probeerde mij voor de rest van mijn leven zonder werk te zetten. Voor ik bij Spirea begon, had ik een informatica-opleiding van drie maanden gevolgd. Wij arriveerden daar met dertien personen voor twaalf plaatsen. Er waren een PC en een bureaustoel te weinig die maandag. De persoon te veel was vrijdag in zeven haasten opgebeld met de vraag om ook de opleiding te starten.

Nog een dag eerder, op donderdag, werd ik door de firma Mimi opgebeld die mij een job aanbood. Ik zegde toe, maar veranderde later van gedachte, omdat ik toch die opleiding wou volgen. De P.G.D.D. wou dit niet, omdat dit mij uitzicht op werk zou bieden. Kan jij je voorstellen hoe uitzichtloos mijn situatie was?

Hoofdstuk 2

DUBBELZINNIG

Mijn pesters voelden zich zeer sterk, omdat er niemand mij geloofde. Hun agressie was dan ook zeer subtiel. Zij gingen niet frontaal in de aanval, maar deden alles dubbelzinnig.

Van de informatie die zij bij mij thuis bekwamen door af te luisteren en die ze herhaalden tegen mij, kon je niet vermoeden dat dit op deze manier werd bekomen. Vaak ging het ook om banale dingen, waar niemand zwaar aan tilt. Toen het voor mij nog niet duidelijk was dat ik thuis werd afgeluisterd, was ik ervan overtuigd dat vrienden van mij in contact waren met Banditu. Ik heb hen hiervoor meerdere keren scheef bekeken. Ten onrechte, weet ik nu. Zou je hier geen paranoia van krijgen?

De P.G.D.D. wist naar welke televisieprogramma's ik keek en welke krant ik las. Doordat ik werd gevolgd op mijn laptop, beschikte de P.G.D.D. over de manuscripten van 'Brand in Zuiderstad' en van 'Ik denk dat ik zeker ben' lang voor zij werden uitgegeven. Ik kreeg boodschappen via televisie, de krant en Newsmonkey.

Meerdere televisiezenders maakten mij het leven zuur met hun provocerende woorden.

In de krant verschenen zinspelingen op wat de afluisteraars bij mij hoorden. De boodschappen waren alledaags en je merkte niet op dat zij tot mij gericht waren. Zou jij mij geloven?

Bij Newsmonkey van Microsoft zag ik op mijn laptop dezelfde pesterijen als op de televisiezenders en in de krant.

De dubbelzinnige woorden op deze drie plaatsen begonnen toen ik bezig was met de dagvaarding van personage Jan van 'Brand in Zuiderstad'.

De moderne informatica maakt het mensen met slechte bedoelingen makkelijk. Wie een laptop hackt, ziet eenvoudig welke mappen en welke Word-documenten recent werden geopend, en kan de feed gebruiken.

Een groep kan zowel in België als in Nederland actief zijn. Vandaag de dag zijn media nog steeds een instrument van macht.

Sommige berichten berustten gewoon op toeval. Dit maakte de situatie nog meer verwarrend. Als ik dacht dat ik zeker was, hoe kan ik jou dan overtuigen?

Hoofdstuk 3

GROEP BANDI

Op de hoofdzetel van de multinational Bandi, waartoe Banditu behoorde, waren vijf managers, onder wie Jempi, Ronny, Rinus en Pierre. Zaten zij daar om verpakkingen te verkopen, of om koper en zilver wit te wassen? Jempi kende mij van Bandion, het onderzoekscentrum van Bandi. Hij had mijn overplaatsing van daar naar Banditu geregeld.

Zij waren niet vies van een zaakje dat kwalijk ruikt. In de jaren negentig was Lender een zeer succesvolle fabrikant. Zij waren gevestigd in de buurt van Hamburg, Duitsland. De twee grootste multinationals ter wereld voor deze producten waren toen het Nederlandse Bembi en het Belgische Bandi. Die eerste bouwde een nieuwe fabriek in de buurt van Hamburg en verkocht onder de kostprijs. De tweede kocht de Nederlandse handelsfirma De Let op die de verpakkingen van Lender verkocht in de Benelux. Op die manier kregen Bembi en Bandi de bloeiende firma Lender failliet. Je kan wel vermoeden dat die verkopers van De Let uitgekookt waren. Een klant in Aalst had ieder jaar tweeduizend speciale producten nodig. Dit type wordt bijna nooit gevraagd in de Benelux. De Let was graag bereid om hiervoor te zorgen, als zij ook de vijftigduizend gewone producten mocht leveren. Zo kwam het dat er daar verpakkingen geleverd werden die achthonderd kilometer verderop vervaardigd waren, terwijl de firma Banditem op veertig kilometer daar vandaan er geen voet aan wal kreeg.

Rinus zou later algemeen directeur worden bij Banditem dat behoorde tot de multinational Bandi. Nog niet zo lang geleden was hij enige jaren algemeen directeur van een firma in Rotterdam. Personage Aimé uit Zuiderstad was nog niet zo lang geleden enige jaren in Rotterdam om er een advocatenkantoor op te richten. Eén pot nat?

Dat het koper en zilver zo belangrijk was, verklaart dat, voorafgaand aan de verkoop van Banditu, Pierre overkwam van de hoofdzetel van Bandi en er enkele maanden de plaats overnam van de algemeen directeur. Hij kwam er aan met zijn deux-chevaux. Een dag later was zijn auto veel gegroeid. Jempi zou over hem tegen mij meedelen dat hij precies deed wat van hem gevraagd werd. Wat bedoelde hij hiermee? Misschien wilde hij een reactie van mij uitlokken om te weten of ik nog altijd zo naïef was. Voordat ik voor die job bij Banditu gekozen werd, was ik hierop getest door Ronny. Hij vertelde dat er bij een klant driehonderdduizend lege verpakkingen geleverd werden, er tweehonderdduizend volle vertrokken waren en er zich geen meer in het magazijn bevonden. Het personeel had gezocht naar die ontbrekende verpakkingen en ze niet gevonden. Ik gaf een flauw antwoord.

Nu begrijp ik dat die man een plaats kreeg in de hoofdzetel van Bandi toen hij als commercieel directeur moest vertrekken bij zijn firma. Wist hij te veel van dat koper en zilver?

Dat ik bij Banditu ben terechtgekomen, is toeval. De kwaliteitsverantwoordelijke Prima had haar ontslag gegeven en verliet de fabriek op 31 januari 1994. Haar opvolgster Seconda begon daar op 1 januari 1994, zodat er een maand was om de job over te dragen. Ik heb Seconda nooit ontmoet, Prima wel. Ik heb haar na twee weken bij Banditu ontmoet op een zaterdagmorgen. Zij had toen een gesprek van twee uur met de algemeen directeur. Nadien had zij met mij een gesprek voor de overdracht van de job. Wat gebeurde daar allemaal? Waarom mocht ik Seconda niet ontmoeten?

Naar mijn mening heeft Banditu Seconda op een schandalige manier behandeld. Een bekwaam persoon zet je na twee maand niet bij het vuilnis. De meest waarschijnlijke uitleg is, dat Banditu een vriendendienst wou bewijzen aan Prima, door maatregelen te nemen voor haar terugkeer. Zij had al veel gunsten gekregen, omdat haar vader er baas was van de drukkerij. Zij volgde tijdens haar werkuren op kosten van de firma een opleiding van twee jaar voor veiligheidsverantwoordelijke niveau 1. Zodra zij dat diploma op zak had, vertrok zij naar een andere fabriek om haar diploma en ervaring te gelde te maken.

Dan kwam de groep Bandi met de mededeling dat zij een aantal fabrieken afstootte. De toenmalige directie van Banditu deed een voorstel voor management buy-out. Dan was het voor Prima een buitenkans om hier ook bij te horen. Jij zou toch ook willen terugkeren? Zij had daarbij de steun van Hippoliet en Melanie De Stoute, de bazen van de firma Bandira, die ook tot de groep Bandi behoorde. Zij waren zeer goed bevriend met Prima en haar vader. Die bedrukte zeer veel jerrycans en flessen voor de firma Gega, waarvoor alle commerciële verrichtingen verliepen via Bandira. Dit vertegenwoordigde veertig procent van de omzet van Banditu.

Melanie De Stoute wilde absoluut dat Prima terugkeerde, maar Jempi wilde mij daar hebben. Die had een hogere positie. Banditu, Bandira en Bandion rapporteerden aan hem.

Voor de overname van Banditu was de samenwerking tussen Banditu en Bandira zeer goed geregeld. Bandira verkocht alle producten voor Gega en ook alle standaardproducten. Zij waren vlak bij Gega gevestigd. Van de standaardproducten verkochten zij onder andere ook kleine hoeveelheden. Banditu verkocht de producten die specifiek waren voor één bepaalde klant. Het was gespecialiseerd in middelgrote series. Een specialist van koper en zilver noemde de handel van Bandira „goeie business".

Hoofdstuk 4

WERK

Als de P.G.D.D. erin slaagt om mij bij iedere firma uit te dagen met de informatie die zij bekomt door mij af te luisteren, moet zij ook in staat zijn om bij iedere firma te bekomen dat ik word ontslagen. Ik mag eigenlijk van geluk spreken dat zij het leuker vonden om mij te treiteren, dan om mij zonder werk te zetten. Dit zou mij in zeer grote problemen gebracht hebben.

Wanneer je de krant leest, stel je vast dat er zich nog mensen in mijn situatie bevinden. Dit is mogelijk doordat de P.G.D.D. zo wijdverspreid is en zich in alle geledingen bevindt. De pesters blijven steeds buiten schot. Als het toch tot een rechtszaak zou komen, wordt er met opzet een procedurefout gemaakt, waardoor alle verdachten vrijuit gaan. Wie nooit ofte nimmer nog werk kan vinden, zijn huwelijk hierdoor op de klippen ziet lopen, en zijn huis niet meer kan afbetalen, rest nog maar één uitweg.

Hoofdstuk 5

BANDITU 1

Het leek mij ook geen toeval dat bij Banditu de vroegere commercieel directeur Mark compleet overspannen was geraakt. Na een afwezigheid van een jaar slaagde hij er niet in om langer dan twee uur bij Banditu aanwezig te zijn. Na twee weken kwam hij niet meer opdagen. Werd hij thuis ook afgeluisterd? Hij is eraan bezweken. Als commercieel directeur wist hij aan welke firma's voor koper en zilver geleverd werd. Hij had mij gevraagd om afgekeurde goederen niet automatisch te laten terugkeren. In sommige gevallen zou hij bij zo'n firma langsgaan om ter plaatse een vergoeding overeen te komen. De ondankbaarheid van de P.G.D.D. werd duidelijk. Mark had gretig meegedaan met de smerige praktijken van hen. Toch lieten zij hem vallen als een baksteen. Zonder mededogen.

Hoofdstuk 6

BANDITU 2

Bij Banditu stond er af en toe iemand tegen mij „zwart geld, zwart geld" te roepen. Dit was er ook het gevolg van dat ik thuis werd afgeluisterd. Tegen mijn vrouw lachte ik soms over leveringen in het zwart. Het gebeurde toch dat firma's afgekeurde goederen terugstuurden die niet gefactureerd waren. Afgekeurde goederen werden geregistreerd via het 'Hold-formulier'. Toen ik bij Banditu toe kwam, werd daarop het factuurnummer ingevuld. Dat vroeg ik aan Jenny. Zij deelde mij in sommige gevallen mee dat er geen factuur gemaakt was.

Is het dan ook niet logisch dat de eerste actie van de nieuwe directie na de overname van Banditu, het ontslag van de financieel directeur was? Dit werd korte tijd later gevolgd door het ontslag van Jenny en Leny. Jenny maakte de facturen en Leny verving haar tijdens afwezigheden.

Jenny en Leny werden om dringende reden op staande voet ontslagen. Als reden gaf de firma op dat zij beiden tegen een secretaresse zouden gezegd hebben dat het bij Banditu nogal een zottenkot was. Die secretaresse heeft er een maand als interim gewerkt en haar was een vaste job beloofd als zij die verklaring zou afleggen. Je kan al raden dat zij toch niet kon blijven. De rechtszaken tegen Jenny en Leny zouden jaren aanslepen en waren slopend voor Leny die niet bij een vakbond was.

De drie nieuwe directeurs konden Kelly, die ook facturen maakte, niet zomaar ontslaan, omdat de productinformatie voor Gega nogal ingewikkeld was. Later zou Kelly voor deze Gega-taken toch vervangen worden, wat problemen gaf. Zij bleef toen wel beschikbaar binnen Banditu, waar zij een andere taak uitoefende.

Hoofdstuk 7

BANDITU 3

De management buy-out haalde het niet en Banditu werd overgenomen door Alsti, vijftien kilometer verderop. Dat zat precies in hetzelfde segment van verpakkingen en was voordien een concurrent. De verkoop gebeurde niet rechtstreeks, maar via een tussenfirma. Wat had de P.G.D.D. te verbergen?

Dat de drie nieuwe directeurs weinig geïnteresseerd waren in de productie, bleek door hun afwezigheid in de fabriek. Gedurende een half jaar kwam Duo Dario en Gino nooit ter plaatse. Ik citeer een dichter: 'Ik herinner mij plaatsen waar ik nooit ben geweest.' Pedro kwam dagelijks, maar pas om 17 uur en die bleef dan maar een half uur. Is dit de manier om een fabriek te leiden?

De overname ging gepaard met een vermindering van loon voor alle bedienden. Waar bleef de vakbond? We hadden toen al kunnen weten dat de nieuwe directie van ieder van ons af wou. Iedere bediende moest een nieuw contract ondertekenen.

De machines werden overgebracht van Alsti naar Banditu. Het personeel volgde. Het gebouw van Alsti stond dan leeg. De infrastructuur van Alsti had enkele voordelen ten opzichte van die bij Banditu.

In plaats van Banditu te verbeteren met het goede van Alsti, werd bij Banditu al het goede overboord gegooid. Na de overname kwam de ééngemaakte firma in grote problemen. Ben jij hierover verbaasd?

Enige tijd na de overname van Banditu in 1994 werden Hippoliet en Melanie De Stoute aan het hoofd van Bandira vervangen.

Katrijn kwam van Alsti mee over naar Banditu en was de beschermelinge van commercieel directeur Gino. Toen Gino twee jaar later Banditu moest verlaten, omdat toenmalig algemeen directeur Michaël zijn wedde buitensporig vond, bood Katrijn haar ontslag aan. Zij heeft Banditu kapot gemaakt in 1995, doordat zij onbekwaam was als verantwoordelijke van de planning. Op een bepaald moment stonden er tien personen achter haar bij haar bord. Als men niet tijdig lege verpakkingen kan leveren aan de klanten die ze afvullen, is dat dodelijk.

De verantwoordelijke van het grondstoffenmagazijn werd na de overname van Banditu ontslagen. Toen werd een klein deel van zijn taken overgenomen door Katrijn, namelijk de aankoop van de grondstoffen. Weer dat koper en zilver?

Katrijn beheerde ook de lijst van de transporteurs. Weer dat koper en zilver? Vroeger werden de transporten geregeld door de commerciële dienst.

Je kan al vermoeden dat de lijst van transporteurs zeer gevoelig lag bij Katrijn. Voor het kwaliteitsborgingssysteem ISO 9001 had ik zes lijsten nodig. Na tien keer aandringen kreeg ik vijf lijsten. Waarom kreeg ik de lijst van transporteurs niet? Het kwaliteitsborgingssysteem schrijft echter voor dat de firma die lijst moet kunnen tonen. Hoe die lijst tot stand komt, dient beschreven te zijn in een procedure.

Katrijn bestelde ook de kartonnen dozen waarin de goederen verpakt werden. Michaël zou tegen mij de opmerking maken dat de naam Banditu beter niet op de kartonnen dozen zou staan, wat toen steeds wel het geval was. Hij vond dat bezoekers in het magazijn van de klant niet hoefden te weten dat die goederen gemaakt werden door Banditu.

Was het toeval dat de accountmanager die de verkoop deed voor de buitenlandse klanten, ook behoorde tot de P.G.D.D.?

Banditu was voor de overname goed georganiseerd. Er was een vlotte service met een beperkte kost in de verkoop, het magazijn en de kwaliteitsdienst. Voor kleine aantallen van standaardproducten kon je terecht bij Bandira. Dit betekende geen werklast voor Banditu. Ook werd het personeel goed gebalanceerd. En magazijnier die op een bepaald ogenblik klaar was, ging in een apart lokaal manueel overschotjes van producten verwijderen. Op die manier waren er voldoende personen om vlot te laden en te lossen, zonder dat de personeelskost hoog was. De kwaliteitsinspecteurs deden tijdens de lunchpauzes de aflossing van productiemedewerkers. Op die manier kon Banditu toch over een ruime kwaliteitsdienst beschikken, zonder dat de kost te hoog opliep. Mijn inspecteurs kenden op deze manier ook goed de producten en de machines. Was er een enkele keer een persoon te weinig voor de productie, dan werd een kwaliteitsmedewerker gedurende één shift uitgeleend aan productie. Ik deed dan zelf om het uur mijn ronde om te kunnen ingrijpen als dat nodig was.

Voor de nachtdienst was er een vaste ploeg die volledig uit mannen bestond. In België is vrouwenarbeid 's nachts slechts in enkele sectoren toegelaten. Mijn vaste inspecteur van de nacht werd onterecht ontslagen, zonder dat ik daarvan op de hoogte werd gebracht, laat staan dat ik hierbij inspraak had. Hij had terecht slechte producten afgekeurd. Ik voelde toen de bui al hangen en hield mij gedeisd.

De georganiseerde misdaad wordt wel eens omschreven als een familie. Er zijn echter veel familieruzies met een voortdurende strijd om geld en macht.

Duo Dario werd als algemeen directeur opgevolgd door een Fransman, keerde terug, werd weer afgezet en keerde weer terug. Hippoliet en Melanie De Stoute hadden klinkende ruzie met Duo Dario. Toen die Fransman algemeen directeur was, zat Melanie elke dag een uur bij hem. Kelly had het zeer moeilijk met Duo Dario. Zij nam haar ontslag, omdat zij het niet meer aankon. Toen die Fransman haar beloofde dat Duo Dario nooit meer zou terugkeren, kwam zij opnieuw werken bij Banditu. Wie was de eerste persoon die zij zag bij haar terugkeer? Duo Dario.

Toen een Amerikaan algemeen directeur was, zat Melanie elke dag een uur bij hem. Dat iedere algemeen directeur zo weinig te doen had, illustreerde dat het hen niet interesseerde om een firma te leiden. Zij zaten daar niet voor spek en bonen, zij zaten daar voor koper en zilver. Later werd de Belg Michaël er algemeen directeur. Hij kwam over van een failliete firma.

Technisch directeur Pedro kwam verscheidene keren voor mijn bureau staan en herhaalde met een zeer brede glimlach wat er de avond voordien bij mij thuis afgeluisterd werd. Toen had ik nog niet door hoe hij dit allemaal wist en dacht ik dat mijn vrienden contact hadden met hem. Het smerigste was: de grijns op zijn gezicht.

Thuis sprak ik tegen mijn vrouw over de heuvels in onze tuin. 's Anderendaags begon bij Banditu Erik te zingen over 'De heuveltjes van Erica' van zanger Bart Vandenbossche toen ik bij hem kwam. Nadat ik de avond voordien thuis gesproken had over een interimkantoor, vond Erik: „Een interimmeke af en toe, dat is niet slecht." Erik was ook fier op het onterechte ontslag van de inspecteur van de nacht. Je kan dit maar tegenkomen als je je best doet en er altijd alleen voor staat op het werk.

Melanie De Stoute had het vanaf de eerste dag op mij gemunt. Zonder ophouden bleef zij fel aandringen op mijn ontslag. Dit was buiten alle proporties. Je weet dat ik kwetsbaar was omdat ik niet behoorde tot de originele Banditu-groep en ook niet tot de Alsti-groep. Na drie jaar hoorde ik iedere maand onrechtstreeks dat ik mijn ontslag zou krijgen. Op een document werd mijn naam gevolgd door een schuine streep en de naam van mijn opvolger. Als het einde van de maand naderde, kwam het toch niet zover, omdat de persoon die mijn taak zou overnemen, niet de nodige activiteiten wou doen voor het kwaliteitsborgingssysteem. Hield Pedro daarom altijd een pleidooi om hiermee te stoppen?

Pieter werd aangeworven. Deze jonge man sprak perfect Italiaans, omdat zijn vader in de kerncentrale van Ispra werkte. Nadat hij eerst een periode met mij samenwerkte, werd deze bekwame man productiedirecteur. Ik ben samen met hem, Pedro en Gino naar de beurs Interpack in Düsseldorf geweest. In die periode zag Pieter Pedro op de grote tafel staan, vlak voor mij, zodat hij uitdrukkelijk op mij kon neerkijken. Ik besefte toen nog niet dat dit beeld symbolisch zou zijn voor de rest van mijn leven.

Dan werd Dieter aangeworven. Deze jonge man deed de helft van mijn werk: de productkwaliteit. Ik bleef de kwaliteitsborging verzorgen. Op een dag werd 's ochtends meegedeeld: „Als de deurwaarder komt, laat hem dan maar binnen; hij komt voor het ontslag van mijnheer Vandeperre." Diezelfde dag werd 's middags bekend dat Dieter zijn ontslag had genomen en ging werken in een ingenieursbureau. Mijn ontslag ging op het allerlaatste moment niet door. In de late namiddag deed Melanie De Stoute een dansje voor mijn bureau.

Op één uitzondering na was niemand bereid het werk van Dieter over te nemen. Stilzwijgend nam ik zijn taak erbij. Dit zou mij zeer zuur opbreken. Nadine, een medewerkster in de kwaliteitsdienst, had aan mij meegedeeld, dat zij het werk van Dieter wou doen. Ik steunde haar hierin ten volle en deelde dit mee aan algemeen directeur Michaël. Die antwoordde gewoon niets. Achteraf zou Nadine het mij tot mijn laatste dag kwalijk blijven nemen, dat zij de job van Dieter niet gekregen had. Ik had ervoor gezorgd dat zij gekwalificeerd werd als auditor. Dat had haar ook geschikt gemaakt om taken uit te voeren voor het kwaliteitsborgingssysteem.

Melanie De Stoute wou niet samenwerken met mij. Als de kwaliteitsauditeur van Gega kwam, eiste zij dat Pieter hem zou te woord staan en dat gebeurde ook iedere keer. Eigenlijk was dit mijn taak.

Danny is ook een tijd bij Banditu geweest als adviseur. Hij was de vroegere eigenaar van Alsti. Op zijn laatste dag kwam hij naar mij en sprak tegen mij exact dezelfde woorden als Pierre, toen die naar mij kwam op zijn laatste dag. Hield Danny zich ook bezig met koper en zilver? Dit vind je waarschijnlijk logisch.

Het water stond Banditu toen aan de lippen. Wie iets van boekhouden kent, verstaat het Engels grapje over de balans: 'On the left side, there is nothing left, on the right side, there is nothing right'.

Er gebeurden gekke dingen. Zeer dringende goederen werden bij een klant teruggehaald, om die aan een andere klant te kunnen bezorgen. 's Avonds plaatste de chauffeur die goederen voor de gesloten poort van Banditu, naast de maalmolen. De maalploeg begon de dag nadien om zes uur 's ochtends met deze stukken. Een verstrooide accountmanager durfde zijn vergissingen niet toegeven. Hij stak de juiste goederen in de koffer van zijn auto, reed ermee naar de klant, bracht de verkeerde goederen mee terug en zette die in het magazijn. Op die manier klopte de voorraad niet meer. Banditu verkocht een machine aan Algerije. Toen een

Algerijn ter plaatse kwam om te zien of de machine nog werkte, was dit niet het geval. De motor was eruit gehaald om in een andere machine te steken. Omdat Banditu zijn facturen niet betaalde, wou de leverancier pas reserve-onderdelen leveren nadat alle achterstallige betalingen gebeurd waren. De facturen voor de grondstoffen werden betaald einde maand. Katrijn realiseerde een besparing door de bestelling uit te stellen tot de eerste dag van de volgende maand. Veel machines vielen stil bij gebrek aan grondstof. Banditu bekwam een verlaging van de personeelskost door de paksters vijf machines te laten bedienen in plaats van vier. Zij pasten zich aan, aan de hogere werkdruk door ook goede goederen in de ton voor slechte goederen gooien. Een accountmanager gaf het goede voorbeeld door zelf dringende goederen af te wegen. Zij mengde bodems en toppen, waardoor bij de klant machines blokkeerden. Een grote besparing werd gerealiseerd door goederen niet langer eerst in een plastic zak te steken, maar rechtstreeks in een kartonnen doos. De klant stuurde ze terug. Ze werden overgeladen en deze keer wel eerst in een plastic zak gestoken. Voorbereidingen werden getroffen om tijdens de periode van collectieve sluiting door te werken om aan dringende leveringen te kunnen voldoen. Deze productie ging op het laatste moment niet door en men liet dan maar twintig personen gedurende twee weken machines poetsen.

Bij één van de herstructureringen werd ik ontslagen, in 1997. Ik moest een deel van mijn opzegperiode blijven werken. Toen ik op de laatste dag naar buiten ging, floot Pedro een liedje en kwam de financieel directeur in de deur staan om mij uit te lachen.

Mijn ontslagformulier C4 was onvolledig ingevuld: de gewerkte periodes ontbraken. Omdat ik niet was aangesloten bij een vakbond, behandelde De Hulpkas voor Werkzoekenden mijn dossier. Ik hoefde niet zelf de aanvulling van het document te vragen aan Banditu. De Hulpkas stuurde het op. Was het ook de tweede keer niet in orde? De RVA nodigde mij uit voor een gesprek. Ik moest uitleggen van wanneer tot wanneer ik bij Banditu gewerkt had.

Hoofdstuk 8

V.D.A.B.: VLAAMSE DIENST VOOR ARBEIDSBEMIDDELING EN BEROEPSOPLEIDING

In gewone omstandigheden zou het voor mij zeer moeilijk geweest zijn om werk te vinden, maar dit werd nog oneindig veel lastiger omdat met alle mogelijke middelen geprobeerd werd mij te beletten om nog een job te vinden.

Op 1 februari 1998 begon ik met een informatica-opleiding Cobol bij de V.D.A.B., in samenwerking met de firma Inus. De twaalf deelnemers werden pas de week voordien op maandag verwittigd dat ze mochten deelnemen. Waren diegenen die mij thuis afluisterden hierdoor verrast?

Op donderdag kreeg ik 's avonds een telefoon van de firma Mimi die mij een job aanbood. Tijdens een telefoongesprek van tien minuten waren wij over alles akkoord, inclusief de wedde. Ik moest gewoon dinsdags langskomen om de papieren te tekenen. Ik vermoedde echter onraad en hield mijn woord niet. Wat zou jij gedaan hebben?

Ik startte 's maandags toch met de opleiding van de V.D.A.B. Daar bleek dat er vrijdags nog iemand werd opgetrommeld om aan de opleiding deel te nemen, waardoor wij toen met dertien deelnemers waren voor twaalf plaatsen. Met andere woorden: alle mogelijke middelen waren goed om te beletten dat ik werk zou vinden of dat ik een V.D.A.B.-opleiding zou volgen. Later zou ik nog samenwerken met Ria die ook tot mijn groep behoorde. Zij zorgde voor een vrolijke noot. Als linkshandige verwisselde zij de functies van de linker- en de rechtermuisklik. Toen op zaterdag een andere persoon voor een andere opleiding haar computer gebruikte, werd die gek toen bij iedere klik een menu tevoorschijn kwam.

Ik maakte een grote overgang van ingenieur in de kwaliteitszorg naar IT'er in de banksector.

Hoofdstuk 9

C.M.O.: CENTRUM VOOR MIDDENSTANDSOPLEIDING

Ik was in september een avondcursus van een jaar voor IT-consulent begonnen bij het C.M.O. Wie was de eerste medestudent die ik daar tegenkwam? Hippoliet De Stoute. Dat was niet moeilijk om te begrijpen. Vermits ik thuis werd afgeluisterd, wist die heel goed dat ik aan die cursus deelnam. Het was compleet on-logisch dat hij tweemaal per week de verre verplaatsing maakte. Hij was bovendien zeer bedreven in de informatica en kon daar niets meer bijleren.

Hippoliet betaalde de lesgevers om mij te pesten. Niet iedereen deed echter hieraan mee. Een lesgever die zich normaal gedroeg, had wel verrassend veel informatie over toestanden bij Banditu.

In april kwam een lesgever het klaslokaal binnen, waar wij een andere les aan het volgen waren. Hij deelde mee dat hij een vacature had voor een ontwikkelaar Cobol en vroeg of er iemand geïnteresseerd was. Ik reageerde niet. Wat zou jij gedaan hebben? Het was de eerste maal dat iemand een vacature meedeelde en het betrof ook maar één vacature. Hoe vreemd was dat? En dan nog juist in de periode dat ik mijn opleiding Cobol beëindigde.

Hoofdstuk 10

SPIREA

In mei 1998 begon ik te werken voor Mechelsoft dat mij plaatste bij Spirea te Antwerpen. Deze bank maakte deel uit van een groep die veel expertise heeft in het witwassen van koper en zilver.

Kim zat recht tegenover mij en daagde mij elke dag uit met wat de afluisteraars bij mij thuis de avond voordien gehoord hadden. Op het bureau van Petra, schuin tegenover mij, werd een kleine radio geplaatst, waaruit berichten kwamen voor mij.

Waren de doodsbedreigingen van Kim ernstig? Zo hoorde ik bijvoorbeeld over het boren van een gaatje in de gasleiding bij mij thuis.

Ik werd 's morgens opgewacht op de plaats waar ik elke morgen mijn auto parkeerde, door twee mannen, die vervolgens links en rechts van mij meegingen tot aan het lokaal van mijn dienst.

Toen Lucas de eerste keer op een computerscherm aan het lezen was wat er de dag voordien bij mij afgeluisterd werd, kwamen Petra en Christa over de schouder meekijken. Zij waren allen zeer gefascineerd.

Thuis was er een kleine ontploffing in de schoorsteen van de aardgasverwarming. De pijp vloog tot het plafond en kwam rakelings naast het hoofd van mijn vrouw neer. Onmiddellijk reageerde Kim zeer heftig en vertelde hij aan zijn collega's in omfloerste woorden wat hij vernomen had. Er was alleszins die keer weinig tijd tussen het afluisteren en het reageren.

Op een dag werd ik door een firma op het werk opgebeld voor privézaken. Ik was hierdoor zeer verveeld. Toen het gesprek beëindigd was, riep Andreas zeer luid voor de ganse ruimte: „Nu hebben we hem!" Wat had ik verkeerd gezegd?

Ik was in de tang genomen doordat ik een arbeidsovereenkomst had met Mechelsoft. Die plaatste consultants niet rechtstreeks bij een eindklant, maar werkte steeds via een consultingbureau als tussenschakel. Zij werkten samen met meer dan twintig dergelijke firma's. Je begrijpt wel dat het moeilijk voor mij was om bij één van die firma's een contract te bekomen, want die wilden niemand afnemen van Mechelsoft waarmee zij samenwerkten.

Het lukte mij toch om daarna te werken via een consultingbureau. Ik had daar een interview met de algemeen directeur. Die riep tien keer tegen mij: „Hier is geen zwart geld." Dit was natuurlijk geïnspireerd door Banditu. Toen werd het voor mij duidelijk dat ik nooit ofte nimmer nog werk zou vinden zonder dat de P.G.D.D. dit zou gedogen.

Hoofdstuk 11

HEDERA

In 2007 werkte ik bij Hedera op de dienst Financial Data Management. In augustus moest ik op het werk de activiteiten van mijn collega Clovis erbij nemen die vier weken met vakantie was. Je begrijpt dat het voor de P.G.D.D. een geschikt moment was om toe te slaan.

Corry, Dirk en Jean daagden mij uit met wat bij mij thuis afgeluisterd werd; Corry en Dirk met wat zij op hun computerscherm zagen, waarop verscheen wat ik op mijn scherm deed. Anderen riepen mij toe: „Zwart geld, zwart geld." Iedere morgen, wanneer ik toekwam, riep Dirk zeer luid in het Frans: „Walter est là!". Moest hij anderen van mijn komst verwittigen?

Waren de doodsbedreigingen van Jean ernstig? Zo hoorde ik bijvoorbeeld iets over een verdachte oorzaak van een fataal auto-ongeval.

Ik vroeg een gesprek met mijn afdelingshoofd en stelde hem voor dat hij contact zou opnemen met de bank Spirea. Nog diezelfde dag nodigde hij mij uit voor een tweede gesprek. Hij was heel vriendelijk voor mij. Ik stuurde hem een tekst over de gebeurtenissen bij Banditu en Spirea.

Twee dagen later werd ik door een man opgewacht in een sporthal. Een man rende weg zodra hij mij zag en hij had een verschrikkelijke grimas op zijn gezicht. Ik dacht dat iemand mij op dat moment wou vermoorden. Ik raakte in paniek, reed naar huis en belde de politie. Er is een politieman bij mij thuis binnen geweest en die zou een proces verbaal opmaken. Ik kon hem echter niet veel zeggen, omdat hij bij mij thuis was en ik thuis afgeluisterd werd. Deze gebeurtenissen stopten en ik bleef bij Hedera werken in diezelfde groep.

Mijn diensthoofd werd verwijderd uit onze groep en werd zonder werk in een ander gebouw geplaatst. Ferre nam zijn taken erbij. Clovis werd enkele maanden voor mij ontslagen. Ferre, Corry en Eva stonden een ganse week iedere dag hierom te juichen. Clovis had meer den dertig jaar anciënniteit en was de meest bekwame van onze groep. Hij raakte zo opgewonden, dat hij hierdoor een herseninfarct kreeg.

Toen mijn ontslag aangekondigd werd, stuurde ik een e-mail naar mijn afdelingshoofd, waarin ik in bedekte termen insinueerde dat ik zou zwijgen als ik bij Hedera zou kunnen blijven werken. Op de dag van mijn ontslag heb ik een kopie van deze e-mail verstuurd naar Corry, Dirk en Jean. Onmiddellijk na mijn ontslag heb ik de contactpersoon van de sociale dienst een e-mail gestuurd waarin ik hem op de hoogte bracht van de pesterijen bij Hedera. Omdat hij Franstalig is, bracht hij mij in contact met zijn Nederlandstalige collega. Ik had met haar een gesprek bij Hedera in Brussel op 22 juni 2012. Ik vertelde haar alles en maakte haar duidelijk dat ik zou zwijgen als ik een job zou krijgen. Zij raadde mij aan om naar de politie te gaan. Ik bezorgde de politie een document, zonder klacht in te dienen.

Hoofdstuk 12

OLER

Om te ontsnappen aan de werkloosheid had ik alles geregeld om te starten met een huis-aan-huisverkoop van een apparaat van drieduizend euro. Ik kreeg geen demonstratietoestel, zodat ik niet kon starten. Er was dus de gelegenheid om mij op andere ideeën te brengen. Het was weer de firma Mimi die mij op zo'n moment werk voorstelde, namelijk bij Oler. Ik ging dit keer op hun voorstel in. Wat zou jij gedaan hebben?

Bij Oler werd ook herhaald wat thuis werd afgeluisterd. De eerste maanden had ik niet door dat de pesterijen van vroeger zich herhaalden. Op een dag liep het de spuigaten uit. Ik keek de dader in de ogen. Dan stond Britt op en nam mij bij de arm om mee te gaan naar een online meeting die toevallig op dat moment begon. Dit was een conferentie met Indische collega's in India. Op het einde hiervan sprak Britt tegen de Indiërs: „Strange things are going on here today." Meer vertelde ze niet.

Er was zeer grote nervositeit op mijn afdeling de rest van de dag. De dag nadien zaten 's ochtends voor het begin van de werkdag twee collega's op hun computerscherm te lezen wat er de avond voordien bij mij thuis werd afgeluisterd. Zij haastten zich samen weg. Ik vond het jammer dat een chef die mij meerdere keren had geholpen met technische inlichtingen, ook meedeed. Die man was zeer bekwaam en ik had steeds veel respect voor hem gehad. Een collega werd vaak opgebeld op zijn smartphone, die dag en de volgende dagen. Hij verliet dan telkens al pratend het lokaal, wat hij voordien nooit deed. Omdat dergelijke gebeurtenissen zich al zo vaak hadden afgespeeld, kon ik mij beheersen. Zou jij reageren?

Dan begreep ik de houding van Britt sinds mijn begin bij Oler. In de praktijk kreeg ik mijn opdrachten van haar. Zij heeft steeds geprobeerd om mij zonder werk te zetten en is daar in grote mate ook in geslaagd. Ik kon hier helemaal niet tegen. In de eerste twee weken dat ik er was, negeerde zij mij compleet en zat ik de ganse dag met mijn vingers te draaien. Toen ik 's avonds thuiskwam, was ik murw en kon geen pap meer zeggen. Ik meldde deze situatie aan mijn baas. Deze Indische vrouw kon er hard mee lachen en antwoordde dat het ingecalculeerd was dat ik in het begin niet ten volle zou renderen. Zij had een grote bewondering voor Britt, en haar hiërarchische baas had zelfs een nog grotere bewondering voor haar. Dit was eigenlijk terecht, want Britt was zeer goed op technisch gebied en werkte zeer efficiënt. Zij had ook een zeer klare kijk op principes die zouden moeten gevolgd worden bij de aanpak van projecten. Het is jammer dat hiervoor haar advies niet gevraagd werd.

De firma Mimi werkt veel met Indiërs in India en België. De loonkost per dag is minder en je kan aan die mensen ook onredelijke dingen vragen, zonder protest van hen. Zo werd een collega een maand lang iedere nacht uit zijn bed gebeld, omdat er een programma niet gestart was. Hij kon hier echter niets aan doen, omdat de oorzaak elders lag: een bestand was nog niet toegekomen. Toen die Indische man op de duur tijdens de dagelijkse online meeting toch een opmerking hierover maakte, antwoordde onze Indische baas: „Wat ga je nu de rest van de dag doen: slapen?"

Enige tijd later nam een Indische man de coördinerende taak over van die Indische vrouw. Hij deelde mij mee dat hij voor mij geen taken meer had bij Oler. Ik hoorde dit graag, want dat betekende dat ik die plaats zou verlaten. Op die manier zou ik vanzelf van de pesters verlost zijn.

Enkele maanden gingen voorbij en ik bleef opdrachten krijgen. Terwijl anderen gestopt waren met mij slecht te behandelen, deed Britt voort. Dat werd mij te veel. Ik stuurde een e-mail naar drie vertrouwenspersonen. Dan kreeg ik griep en kon ik een ganse week niet werken. Ik had hoge koorts en ademhalingsproblemen. Ik had toen een onderhoud met de personeelsdirecteur van de firma Mimi. Enkele weken later zou ik een nieuwe opdracht beginnen via een ander consulting bureau.

Hoofdstuk 13

DE BRAND

Op 1 december 2019 brak er brand uit in de woning die mijn vrouw en ik verhuren in Nederland. Wat eerder een gewone schoorsteenbrand leek, ontaardde in een voorbereid plan waaraan meerdere personen meewerkten. Dit wordt beschreven in mijn boek 'Brand in Zuiderstad'. Dat de P.G.D.D. hierachter zit, blijkt uit een aantal beschrijvingen wat verderop over de televisiezenders, de krant en het nieuws op de PC. Het was overdreven om mijn woning in brand te steken.

Er is na mijn vertrek bij Banditu nooit een directe communicatie geweest tussen de P.G.D.D. en mij. Ik heb dan ook nooit enige uitleg gekregen waarom zij na meer dan twintig jaar nog altijd uiterst agressief zijn tegenover mij. Heeft de P.G.D.D. zich misschien van persoon vergist? Dit zou kunnen, want zij hebben het vaak over 'Duits' en ik weet niet wat ik met Duits te maken heb. Personage Aimé uit Zuiderstad en zijn vrouw spreken vloeiend Duits.

Hoofdstuk 14

MIJN BUREN

Korte tijd later kwam de woning naast mijn vrouw en mij te huur. Die werd verhuurd aan een koppel uit dezelfde gemeente als personage Jan. Zij verhuisden niet en bleven wonen in die gemeente. Er kwam onmiddellijk links en rechts van de woning een houten schutting, wat inkijk verhinderde. Zij plaatsten ook bewakingscamera's. De rolluiken waren steeds volledig gezakt, zodat niemand kon binnenkijken. Af en toe stond er voor hun woning op het gras een auto die rondreed zonder nummerplaat. Na een jaar beëindigden zij de huurovereenkomst. Gedurende een week stond er recht tegenover mijn voordeur op de haag van de overburen een rode verkeerskegel. Was dit een bedreiging?

Hoofdstuk 15

TELEVISIEZENDERS

Een aantal teksten die volgen, berusten op toeval; sommige teksten zijn bewuste provocatie.

Begin april 2021 begon de nieuwslezer met 'nagels bijten'. Heel wat jaren geleden was ik bij Hedera nagels aan het bijten. Ik was toen overspannen. Het was de periode dat ik er gepest werd. Vaak maakt die nieuwslezer grapjes. Hij doet dit niet om vrolijk over te komen, maar om mensen te kwetsen. Je moet al bij de pinken zijn om dit door te hebben. Geen wonder dat hij zeer duidelijk daar iedere keer veel deugd aan beleeft.

Begin april 2021 vermeldde de weerman de straat van advocatenkantoor Quo Vadis dat personage Jan gebruikt.

Mijn vrouw stond in het onderwijs. Zij heeft haar pensioen uitgesteld. Hiervoor kreeg zij een toelage van 200 euro. Zij vond: „Dit is goed betaald." Op het einde van een weerpraatje besloot de weerman: „Dit is goed betaald."

Ik sprak tegen mijn vrouw: „Ik heb er deugd van dat Anderlecht verloren is." In april 2021 grapte de nieuwslezer tweemaal iets over mensen die graag hebben dat Anderlecht verliest. Een andere nieuwslezer deed hetzelfde.

Op zondag 6 juni 2021 was er op TV het liedje 'Genstertje' van Bart Peeters. De presentator voegde toe: „Ik speelde thuis graag met genstertjes. Mijn ouders waren bang dat ik het huis in de fik zou steken. Dat is niet gebeurd." Dit verwijst naar de brand in Zuiderstad.

Op zaterdag 3 juli 2021 vertelde de sportjournalist tijdens de reportage van de Ronde van Frankrijk dat hij een boek zou kunnen schrijven met als titel: 'De vierde Sloveen'. Ik was toen bezig mijn eerste manuscript te schrijven.

Op vrijdag 18 september 2021 vertelde de presentator dat de Nederlanders spreken van een 'serre' en de Vlamingen van een 'veranda'. In Zuiderstad begint het deel Taalgebruik met de vergelijking tussen serre en veranda. De presentator had het in die uitzending ook over 'een advocaat nemen'. In Zuiderstad beschrijf ik dat ik een advocaat genomen heb.

Op zondag 26 september 2021 besloot de kok met 'Doei'. Met 'Doei' eindigt Zuiderstad. Een Vlaming gebruikt dit woord nooit.

Op zaterdag 2 oktober 2021 rondde de presentator op het einde van het programma af met een verwijzing naar de private stichting van personage Jan, waarmee die gelden en erfenissen beheert van mensen met een verlengde minderjarigheid.

Op 1 oktober 2021 vertelde de presentator bij het begin van het programma iets over 'genstertje' en de co-presentator over 'vuur oplaaien'. Dit zinspeelt op de brand in Zuiderstad.

Op zondag 10 oktober eindigde de presentator met 'nagels bijten'. Bij Hedera was ik op mijn nagels aan het bijten toen ik overspannen was.

Op vrijdag 22 oktober lachte de presentator in het begin van het programma: „Dat is hier backstage al een zottenkot." In dit manuscript wordt 'zottenkot' vermeld bij het ontslag van Jenny en Leny.

In september, oktober en later leeft een man in de soap op een geheim adres, net zoals personage Jan.

Op donderdag 23 juni 2022 zegt een acteur in de soap: „Als de funderingen trillen, davert het huis." Zijn tegenspeelster antwoordt: „Bij mijn huis hangt er een plakkaat 'onbewoonbaar verklaard.' In mijn boek 'Brand in Zuiderstad' is de onbewoonbaarheid essentiëel voor personage Jan om grote sommen van mij te kunnen eisen in het kader van wat hij noemt: 'verhuis- en inrichtingskosten tengevolge van sloop of renovatie van een woning.'

Hoofdstuk 16

DE KRANT

Een aantal teksten die volgen, berusten op toeval; sommige teksten zijn bewuste provocatie.

Op 20210417:

Taal is geen handelswaar, geen modegril. Als je lief schrijft: „Ik hou van jouw,” heb je voor je het weet een man in handen aan wie je om de drie dagen moet vragen of hij eens van onderbroek wil wisselen.

De dag voordien ging mijn vrouw ergens naartoe. Ik lachte tegen haar: „Doe maar een propere onderbroek aan.”

Ik had ook met mijn vrouw gesproken over een verschil in taalgebruik tussen Nederlanders en Vlamingen, waaraan Nederlanders zich zeer erg storen: het gebruik van 'u' in de plaats van 'jou'. Dit is een afknapper bij jonge verliefden. Stijn Meuris van Noordkaap heeft zelfs een bekend liedje gemaakt met de titel 'Ik hou van u'.

Op 20210419:

Brief van de dag

Aan de Britse Hull University mogen professoren geen punten meer aftrekken voor spelfouten wegens 'te elitair'.

De dag voordien had ik met mijn vrouw gesproken over mijn bezoek aan de universiteit van Hull heel wat jaren eerder. Ik mocht er toen dineren in het poepsjieke restaurant met grote schilderijen van professoren aan de muren. In Hull had ik een bespreking bij een firma.

Op 20210413:

Voortuinen moeten op bevel van de stad onthard worden.

Klinker kopen? Niet in Lier.

Enkele dagen eerder was iemand bij ons een keukenkraan komen vervangen. Ik vertelde dat mijn vrouw de keuken gewonnen had met het spelprogramma Het Rad van Fortuin. In dat programma kon je een klinker kopen. Dit was dan wel een letter, niet een betonnen blok.

Op 20210419:

Van Quickenborne rekent op lokale korpsen nu reisverbod niet meer geldt.

Niet getest na je trip? Dan krijg je politie over de vloer.

Brug te ver.

De dag voordien was ik naar Geel geweest met de auto. De brug over de autoweg werd er hersteld. Dit gaf zeer grote verkeersproblemen.

Op 20210423:

Kinderen van zakenman verdelen erfenis van 6,6 miljard.

Imperium van Albert Frère doormidden gehakt.

Ik had enkele dagen eerder een plant in twee gehakt, namelijk een grote oleander. Daar was ik lang mee bezig geweest.

Op 20211005:

Experts over zin en onzin van offshore-constructies

Dé vraag: is het geld crimineel, zwart of één van vijftig tinten grijs?

Dit boek gaat over zwart geld.

Op 20211007:

Oeps, vergeten!

Dit zegt personage Jan, als verklaring waarom hij geen sleutels afgeeft. Een Vlaming gebruikt het woord 'Oeps' niet.

Op 20211008:

De bende van DD jaagt op een nieuwe trofee.

Het artikel ging over voetbaltrainer Didier Deschamps.

Ik vermeld in dit manuscript meerdere keren P.G.D.D.

Op 20211019:

Pedofiel lokt kinderen van 4 en 6 mee naar zijn huis: betrapt in onderbroek.

Mijn vrouw had de dag voordien een opmerking gemaakt toen ik in mijn onderbroek van mijn kamer naar de badkamer ging.

Op 20210927:

WOUTJE! WOUTJE! WOUTJE!

Dit was het verslag over het wereldkampioenschap wielrennen op de weg in Leuven, waar Wout Van Aert favoriet was. Mijn eerste kleinkind Wout is geboren op 11 september 2021. Wout Van Aert won niet eens. Julian Alaphilippe won. Waarom dan zo'n titel?

Op 20210828:

Ze zullen hem niet meer pesten.

Dit artikel ging over de voetballer Ronaldo. In dit manuscript wordt geschreven over pesten.

Op 20210411:

Guy Devos schreef twee boeken over 'zijn' eiland.

Dit was een artikel over Tenerife. Ik heb recent twee manuscripten ingediend.

Op 20211104:

Van industriëlen tot kleine zelfstandigen: velen vliegen met zakken cash, niet zelden zwart geld, naar Tenerife om er zo snel mogelijk een tweede verblijf op Ten Bel te kopen.

Het was een artikel over een tweede verblijf op Tenerife. Dit manuscript heeft veel zinspelingen op zwart geld.

Hoofdstuk 17

NIEUWS OP PC

Een aantal teksten die volgen, berusten op toeval; sommige teksten zijn bewuste provocatie.

Op 20210805:

20210804 18:00 vliegtuigpassagier.

Ik vermeld bij mijn documenten een datum op deze manier.

Op 20210925:

Zwoegend Club Brugge bijt thuis de tanden stuk op taai OHL.

Ik heb een slecht gebit en bijt mijn tanden stuk.

Op 20210810:

Mieke Gorissen over legendarisch interview: „Sportarts stuurde me dat ik misschien zou moeten onderduiken".

In Zuiderstad beschrijf ik het onderduiken van personage Jan.

Op 20210923:

Ook Brys heeft moeite met de scheidsrechterlijke leiding: „Het is een echt probleem".

Scheidsrechterlijk lijkt op stafrechtelijk. Dit wordt enkele keren gebruikt in Zuiderstad.

Op 20211001:

Sven De Ridder legt eindelijk proper lakens in het theater.

Ik had de dag voordien mijn beddengoed gewassen.

Op 20210718:

20210718 16:00 noodweer.

Ik vermeld bij mijn documenten datum en uur op deze manier.

Op 20210803:

OEPS. Australische vergeet in lockdown winnend Lottobiljet.

Het woord 'oeps' komt voor in Zuiderstad wanneer ik vermeld dat die advocaat zogezegd de sleutels vergeten was.

Op 20210911:

Zij verloren hun ongeboren kindje.

Het eerste kleinkind van mijn vrouw en mij is geboren op 11 september 2021.

Op 20210901:

Britse prins Andrew gedagvaard in misbruikzaak.

In Zuiderstad gaat een hoofdstuk over de dagvaardingen.

Op 20210729:

KZ 20210728 FISCUS.mxf.

Ik vermeld bij mijn documenten een datum op deze manier.

'KZ' is een soortgelijke afkorting als 'KVK' dat ik in Zuiderstad gebruik voor de Kamer van Koophandel.

Op 20210828:

20210828 12:00 fiets

Ik vermeld bij mijn documenten datum en uur op deze manier.

Op 20210730:

20210730 13:00 Fase 3.

Ik vermeld bij mijn documenten datum en uur op deze manier.

Op 20210925:

Boskamp merkt iets op bij Anderlecht: „Hij verklaarde het doodleuk na Standard".

Ik gebruikte in Zuiderstad het woord 'doodleuk' wanneer mijn eerste contra-expert mijn aangetekende brief in handen heeft.

Op 20210928:

De baas onthult: „Haar wagen is een containerpark"

In het hoofdstuk Taalgebruik op het einde van Zuiderstad, vergelijk ik containerpark met afvalbrengpunt.

Op 20210828:

Evenepoel slaat weer toe in Brussels Cycling Classic, getekend door een wegvergissing.

Dankzij een hertekend middenrif – 2 keer de Muur van Geraardsbergen, de Bosberg en de Congoberg – hadden aanvallers een uitnodiging in de brievenbus gekregen en Evenepoel had zijn huiswerk in de traditionele sprinterskoers gemaakt.

In Zuiderstad wordt er gesproken over een brievenbus.

Op 20210928:

In een cartoon:

De ene brandweerman zegt: „Shit man, ik heb zo een branderig gevoel in mijn maag.”

De andere brandweerman antwoordt: „Blussen, Ronny.”

Zij drinken allebei een pint.

Dit zinspeelt op de brand op 1 december 2019 die wordt beschreven in Zuiderstad.

Op 20210814:

Bayern München bijt tanden stuk op stug Mönchengladbach.

Ik heb een slecht gebit en bijt mijn tanden stuk.

Op 20211021:

Conflict tussen Van Quickenborne en Moslim executieve lijkt te ontsporen.

In 'Brand in Zuiderstad' heb ik het over een ontspoorde advocaat.

Op 20211023:

Leidinggevende van al-Qaida gedood met drone.

In een vorige versie van dit manuscript kwam het woord leidinggevende enkele keren voor.

Op 20211024:

Doei winterdip: vijf zonnige bestemmingen waar je in minder dan vijf uur naar toe …

Zuiderstad eindigt met het woord Doei in het deel over taalgebruik.

Op 20211024:

Altijd opletten met Poetin: er zit een hard randje aan Ruslands veranderde houding over klimaat.

In een vorige versie van dit manuscript schreef ik vaak over een zwart randje, wanneer ik zinspeelde op zwart geld.

Op 20211024:

Kristel Verbeke over K2 Zoekt K3: „Het voelt raar om nu een buitenstaander te zijn”.

In een vorige versie van dit manuscript schreef ik vaak dat een buitenstaander mij niet gelooft.

Op 20211122:

Brussel meet de schade op na coronarellen: politie start identificaties.

Dit verwijst naar een betalingsinstelling die systematisch aan identiteitsfraude doet. Omdat dit geen bank is, valt deze instelling niet onder het toezicht van de Nederlandse Vereniging van Banken.

Hoofdstuk 18

DRUPPEL

44

Wens je meer te weten over personages Jan en Aimé? Dan lees je over de druppel die de emmer deed overlopen, in:

Brand in Zuiderstad
Uitgeverij Novum
ISBN: 978-3-99131-295-5

De auteur

Walter Vandeperre is geboren in 1958 in Geel,
België, en opgeleid tot burgerlijk ingenieur.
Hij was lange tijd werkzaam als ingenieur in
de kwaliteitszorg. Later maakte hij als IT'er de
ondergang van de bank Dexia mee. Naast zijn werk
verzet Vandeperre graag zijn zinnen in de tuin.
In 2014 kochten zijn vrouw en hij een woning in
Zeeuws-Vlaanderen. Daar vond op 1 december
2019 een schoorsteenbrand plaats. Over de aard
van de brand ontstonden al direct grote twijfels.
Door deze gebeurtenis belandde Vandeperre in
een onverkwikkelijk juridisch gevecht. Tijdens de
procedure voor de kantonrechtbank besloot hij zelf
het woord te voeren. Zijn ervaringen legde hij vast
in zijn debuut Brand in Zuiderstad. Ik denk dat ik
zeker ben is Vandeperres tweede boek.
Walter Vandeperre is gehuwd en heeft twee
zonen.

Walter Vandeperre

Brand in Zuiderstad

ISBN 978-3-99131-292-5
78 pagina's

In dit waargebeurde verhaal staan tips voor brandschade
in geval van huur of verhuur van woningen, maar ook voor
het aanstellen van een contra-expert, het aanstellen van een
advocaat en het voeren van een procedure voor de rechtbank.